# NESTOR OROZCO

## APRENDE
### CÓMO VENDER TUS SERVICIOS DE
# PINTURA
## EN INTERNET   INCLUYE MÁS DE 70 TIPS

**OROZ DESIGN**
AGENCIA DE MARKETING...

**GeneraMasClientes.com**

genera
+CLIENTES
OROZDESIGN MULTIMEDIA

# APRENDE CÓMO VENDER TUS SERVICIOS DE PINTURA EN INTERNET

## CONSEJOS QUE NADIE TE DIRÁ

## Aprende Cómo Vender Tus Servicios De Pintura En Internet

# DEDICATORIA
## Para mi esposa Paola
## y mis hijos

Kateryn Alejandra
Leandro De Jesus
Liam Sebastian
Emily Alessandra

Gracias por su apoyo
incondicional.

A mis padres y hermanos

¿Estás listo para impulsar el crecimiento de tu negocio y alcanzar el éxito que mereces?

¡Enhorabuena por adquirir este libro para impulsar el crecimiento de tu negocio!

Estás a punto de descubrir información relevante y útil para alcanzar tus metas empresariales.

No pierdas tiempo simplemente leyendo estas líneas.

Es hora de poner en práctica todo lo que aprenderás y llevar a tu negocio al siguiente nivel.

¡Toma acción y haz que tus sueños se hagan realidad!

# ¿Necesitas hacer crecer tu negocio en internet, pero no sabes cómo y dónde ofrecer tus servicios?

**No te preocupes estas en el lugar correcto, solo tomate el tiempo de leer este material que tienes en tus manos que estoy 100% seguro que te será de muchísima ayuda si tomas acción de todo lo que aquí se presenta.**

En este libro, te mostraré ideas de cómo vender tus servicios de pintura en línea, desde la creación de una **presencia en línea** hasta el uso de **estrategias de marketing efectivas.**

# INTRODUCCIÓN

Hay varios desafíos que puedes enfrentar al no estar en internet:

## Falta de visibilidad:

Sin una presencia en línea, es difícil que los clientes potenciales te encuentren y sepan que tu negocio existe.

## Competencia desfavorable:

Si tus competidores están en línea y tú no, es probable que pierdas clientes potenciales y ellos siempre estén delante de tu negocio.

## Pérdida de oportunidades de mercado:

Muchas personas buscan productos y servicios en línea antes de tomar una decisión de compra, y; al no tener presencia en internet con tu negocio, estas perdiendo oportunidades de venta.

## Falta de información:

Sin un sitio web o presencia en las redes sociales, los clientes no tienen acceso a información importante sobre tu negocio, como horarios laborales, ciudades donde tienes cobertura con tus servicios, una lista de servicios que ofreces y precios.

## Falta de retroalimentación:

Sin una presencia en línea, es difícil recopilar comentarios y sugerencias de tus clientes satisfechos, lo que puede dificultar mejorar tus servicios.

## Dificultad para llegar a un mercado más grande:

Internet te permite llegar a un público más amplio y regional, lo que te ayuda a amplificar tu alcance y tu presencia en las ciudades en donde ofreces tus servicios.

## CAPÍTULO 1:
## COMO LLEGAR A LAS PERSONAS CORRECTAS

Primero que nada, necesitas aprender que, **si no estas llegando a las personas correctas**, todo el esfuerzo que hagas por tener presencia en internet será en vano.

Porque si te centras en llegar a esas personas que no van a adquirir tus servicios, tu negocio no tendrá el crecimiento que estas buscando.

## Investiga el mercado:

Investiga los diferentes nichos dentro del mercado de pintura de casa y oficinas a los que necesitas llegar, pintura de exteriores e interiores, pintura de techos y revestimientos de paredes, aplicación de texturas y diseños personalizados, preparación de superficies antes de la pintura, etc.

Con esto sabrás si tu servicio es requerido o realmente no lo es.

## Entiende las necesidades de tus clientes:

Investiga cuáles son las necesidades y deseos de tus clientes potenciales en cuanto a la pintura de hogares y negocios, y es aquí donde puedes crear ofertas centradas en las necesidades de tus clientes.

## Crea perfiles de clientes ideales:

Utiliza la información recopilada para crear perfiles detallados de tus clientes ideales, incluyendo información demográfica, ingresos y necesidades específicas.
(más adelante veras un ejemplo)

## Utiliza tus clientes existentes como referencia:

Utiliza las referencias de tus clientes existentes para atraer a nuevos clientes que se asemejen a ellos.

## Haz una oferta irresistible:

Crea una oferta irresistible para atraer a nuevos clientes, como una oferta de prueba gratuita o un descuento en el primer servicio. Todo basado en tus probabilidades.

## Identifica tus habilidades y especializaciones:

Identifica tus habilidades y especializaciones en cuanto a pintura residencial, pintura comercial, pintura industrial, etc.

Esto te ayudara a crear una lista más detallada de servicios que puedes ofrecer.

## Considera tus recursos:

Considera tus recursos, como: equipos y productos de pintura, y cómo estos te permiten ofrecer servicios específicos, junto con tus habilidades podrás crear una lista de servicios.

## Analiza la competencia:

Analiza a tus competidores y ve cómo se especializan en diferentes nichos dentro del mercado de pintura de casas y oficinas.

Utiliza Google para realizar una búsqueda y ver que es lo que tu competencia está haciendo.

*Una vez que hayas considerado estos factores, podrás elegir un nicho específico dentro del mercado de pintura residencial y comercial y enfocarte en atraer a clientes dentro de ese nicho.*

*Ya que sabrás a quienes quieres llegar para ofrecer tus servicios.*

# EJEMPLO DE UN CLIENTE POTENCIAL PARA SERVICIO RESIDENCIAL

Un ejemplo de un cliente potencial para servicio de pintura podría ser una pareja joven recién casada que acaba de comprar su primera casa.

Esta pareja probablemente esté ocupada con sus trabajos y no tenga mucho tiempo libre para pintar su hogar.

Además, estarán buscando un servicio de pintura **confiable y de calidad** para mantener su hogar hermoso y ordenado.

*Algunos de sus requisitos podrían ser:*

• Pintura de exteriores e interiores

• Aplicación de texturas
y diseños personalizados

• Reparación de grietas y daños
en la superficie a ser pintada

• Selección y mezcla de colores
y acabados

• Aplicación de capas de
imprimación y sellador

*Este perfil de cliente es solo un ejemplo, y tu nicho específico puede variar dependiendo de tus habilidades y recursos específicos, así como de la competencia y las necesidades de tu audiencia en tu área geográfica.*

# EJEMPLO DE UN CLIENTE POTENCIAL PARA SERVICIO COMERCIAL

Un ejemplo de tu cliente potencial para servicios de pintura para comercios podría ser una pequeña empresa de tecnología con un edificio de oficinas en una zona empresarial.

**La empresa tiene un equipo de trabajo de varias docenas de personas y requiere servicios de pintura para mantener el edificio en buenas condiciones.**

**Los servicios de pintura podrían incluir pintura de exteriores e interiores, pintura de techos y paredes, aplicación de texturas y diseños personalizados, selección y mezcla de colores y acabados, etc.**

Además, tu cliente potencial podría estar interesado en servicios adicionales que puedas ofrecer en tu negocio.

# IMPORTANTE

**El branding es importante** en cualquier negocio, incluyendo el de pintura, porque es lo que define la imagen y la reputación de tu empresa.

Un buen branding te ayuda a destacarte de la competencia, a **construir confianza y lealtad con tus clientes**, y a comunicar tus beneficios y diferencias de manera clara y consistente.

Además, **una marca sólida** te permite escalar tu negocio y atraer nuevos clientes potenciales.

A través de un buen branding, tu negocio de pintura podrá tener una **presencia más fuerte y un mayor impacto** en el mercado.

# EJEMPLO DE OFERTA IRRESISTIBLE:

"¡Obtén un descuento del 30% en la pintura de tu casa en tu primera visita!

¡No te pierdas esta oportunidad única de experimentar nuestros servicios de pintura de **alta calidad sin compromiso!**

Al contratar nuestros servicios de pintura, nos encargaremos de mantener tu hogar o lugar de trabajo que se vea bonito y ordenado **te ahorras tiempo y esfuerzo.**

¡Aprovecha esta oferta limitada y contáctanos para programar asesoría hoy mismo!"

Esta oferta es atractiva para tus clientes potenciales ya que les permite probar el servicio de pintura de manera muy económica antes de comprometerse a un contrato más grande.

También les proporciona la tranquilidad de saber que están recibiendo un servicio de alta calidad y les ahorras el tiempo y esfuerzo de pintar por sí mismos.

# OTRO EJEMPLO:

- Descuento del 15% en el primer servicio de pintura

- Asesoramiento gratuito para la selección de colores y acabados

- Garantía de satisfacción del 100% en todos nuestros servicios

- Pintura de exteriores e interiores

- Pintura de techos y revestimientos de paredes

- Aplicación de texturas y diseños personalizados.

Además, te ofrecemos un servicio de pintura personalizado adaptado a las necesidades específicas de tu negocio.

Nuestro equipo de profesionales está altamente capacitado y se asegurará de dejar tus instalaciones **radiantes y ordenadas.**

Llámanos hoy mismo para obtener más información y **programar una visita sin compromiso.**

¡Aprovecha esta oportunidad única para tener un espacio de trabajo impecable y ordenado sin preocupaciones!"

*Si conectas una oferta irresistible con las personas correctas te ayudara a tener un crecimiento en tu negocio; ya que tus esfuerzos están enfocados en las personas que están buscando tus servicios.*

# CAPÍTULO 2:
# COMO TENER PRESENCIA INTERNET

# Una Página Web Profesional

Tener una página web es importante para tu negocio, ya que es **una forma efectiva de promocionar tus servicios** y conectarte con clientes potenciales.

Algunas de **las ventajas de tener una página web** para tu negocio de pintura incluyen:

## Accesibilidad:
Una página web está disponible las 24 horas, los 7 días de la semana, lo que significa que tus clientes pueden acceder a ella en cualquier momento y desde cualquier lugar.

## Visibilidad:
Una página web te permite aparecer en los resultados de búsqueda de Google, lo que te ayuda a llegar a más clientes potenciales.

## Credibilidad:

Tener una página web profesional te ayuda a construir confianza y credibilidad con tus clientes, lo que aumenta las posibilidades de que te contraten.

## Información detallada:

Una página web te permite proporcionar información detallada sobre tus servicios, tarifas, horarios, etc.

## Comunicación:

Una página web te permite establecer una comunicación directa con tus clientes a través de un formulario de contacto o una dirección de correo electrónico.

Existen varias cosas que puedes hacer para crear una página web atractiva y fácil de navegar para tus clientes potenciales. A continuación, se detallan algunas sugerencias:

## Diseño atractivo:

Utiliza un diseño limpio y atractivo, con una estética profesional.

Asegúrate de que la página sea fácil de leer y que las imágenes y los videos sean relevantes y de alta calidad.

## Navegación intuitiva:

Asegúrate de que tu página web sea fácil de navegar.

Utiliza un menú de navegación claro y coloca los botones de acción en lugares prominentes.

## Información relevante:

Asegúrate de que la información en tu página web sea relevante para tus clientes potenciales y fácil de encontrar.

Utiliza textos llamativos para organizar el contenido y presentar la información de manera clara.

## Optimización para dispositivos móviles:

Asegúrate de que tu página web sea fácil de usar en dispositivos móviles, ya que cada vez más personas acceden a internet desde sus teléfonos.

## Contenido de calidad:

Asegúrate de tener contenido de calidad en tu sitio web, como descripciones detalladas de tus servicios, testimonios de clientes satisfechos e imágenes y videos que muestren tu trabajo.

## Velocidad de carga:

Asegúrate de que tu sitio web cargue rápidamente, ya que los visitantes suelen abandonar un sitio si tarda mucho en cargar.

## Integra una sección de contacto:

Asegúrate de tener una sección de contacto fácil de encontrar, para que los clientes potenciales puedan ponerse en contacto contigo fácilmente.

## Incorpora una sección de preguntas frecuentes:

También puedes tener una sección de preguntas frecuentes para responder a las preguntas que los clientes potenciales puedan tener sobre tus servicios.

*En resumen, una página web es una **herramienta valiosa para promocionar tus servicios, conectarte con clientes potenciales** y construir confianza y credibilidad para tu negocio de pintura.*

# Perfiles Comerciales En Redes Sociales

*Las redes sociales son una herramienta poderosa para promocionar tus servicios y conectarte con tu audiencia.*

*A continuación, se detallan algunas sugerencias para que las utilices efectivamente:*

## Elige las plataformas adecuadas:

Es importante elegir las plataformas adecuadas para tu negocio.

Por ejemplo, si tu negocio se basa en la venta de productos visuales, Instagram o Pinterest sería una buena opción.

Si tu negocio se basa en ofrecer servicios profesionales, Facebook e Instagram podría ser una buena opción.

## Crea un perfil completo:

Asegúrate de crear un perfil completo en las plataformas de redes sociales que elijas.

Incluye una descripción detallada de tus servicios, un enlace a tu sitio web y tus datos de contacto.

Todo que se vea de una forma profesional ya que será la primera impresión que se llevará tu futuro cliente.

## Comparte contenido valioso:
Comparte contenido valioso relacionado con tus servicios.

Por ejemplo, puedes compartir consejos útiles, noticias relevantes, fotos de proyectos terminados y testimonios de clientes satisfechos.

## Interactúa con tu audiencia:
Interactúa con tu audiencia respondiendo preguntas y comentarios.

Esto te ayudará a establecer una relación cercana con ellos y a aumentar tu alcance.

## Utiliza publicidad pagada:
Utiliza la publicidad pagada para llegar a nuevas personas interesadas en tus servicios.

La publicidad pagada te permite segmentar tu audiencia por edad, género, ubicación geográfica e intereses para asegurarte de que tu anuncio llegue a las personas adecuadas.

## Medir y analizar los resultados:
Utiliza herramientas de análisis para medir y analizar los resultados de tus esfuerzos en redes sociales.

Asegúrate de hacer ajustes y cambios en función de lo que estás aprendiendo.

## Crea una estrategia de contenido:
Crea una estrategia de contenido para asegurarte de que estás publicando contenido relevante y valioso para tu audiencia, en el momento adecuado y en las plataformas adecuadas.

Las redes sociales son una herramienta valiosa para promocionarte y conectarte con tu audiencia potencial.

**Permite a tu negocio compartir contenido relevante y atractivo, interactuar con tus clientes y recibir retroalimentación.**

Además, puedes usar las redes sociales **para dar a conocer tu negocio y aumentar tu alcance.**

También proporciona una oportunidad para crear una comunidad alrededor de tu marca y fomentar la lealtad de tus clientes.

En resumen, estar en las redes sociales ayudara a tu negocio a construir una presencia en línea sólida, aumentar tu visibilidad y conectarte con tu audiencia de manera efectiva.

# Presencia en Directorios Locales

Existen varias formas de hacer que tu negocio aparezca en directorios en línea en tu localidad:

## Añade tu negocio a Google My Business:

Este es uno de los primeros pasos que debes dar para asegurarte de que tu negocio aparece en los resultados de búsqueda de Google cuando alguien busca negocios cerca de su ubicación.

Además, te permite agregar información como: tu dirección, teléfono, horarios de apertura, entre otros.

## Añade tu negocio a otros directorios:

Añade tu negocio a otros directorios en línea populares, como Yelp, TripAdvisor, Facebook, NextDoor, Yellow Pages entre muchos directorios locales.

Asegúrate de que la información que proporciones sea consistente y precisa en todos los directorios.

## Utiliza las redes sociales:

Utiliza perfiles de redes sociales para promocionar tu negocio y añadir un enlace a tu sitio web o a tu perfil en un directorio en línea.

## Utiliza los anuncios de búsqueda local:

Utiliza los anuncios de búsqueda local para asegurarte de que tu negocio aparezca en los resultados de búsqueda cuando alguien busca negocios cerca de su ubicación.

## Utiliza las reseñas:

Animar y/o convencer a tus clientes a dejar reseñas en línea de tu negocio en sitios como Google My Business, Yelp, TripAdvisor y otros.

Ayudará en el proceso de convertir un prospecto en cliente.

## Contacta a los sitios web de negocios locales:

Contacta con los sitios web de negocios locales y pide que añadan tu negocio a su directorio.

Si haces una investigación estoy seguro que encontraras en tu localidad.

Recuerda que es importante mantener la información actualizada en todos los directorios en los que aparezca tu negocio.

También es recomendable que segas monitoreando tus listados, para detectar cualquier error o información desactualizada.

# CAPÍTULO 3:
## COMO GENERAR CONFIANZA EN TU NEGOCIO

# Marketing de Video

El marketing de video es una técnica de marketing en la que se utilizan videos para promocionar productos o servicios, **generar conciencia de marca y atraer a nuevos clientes.**

Los videos pueden ser utilizados en diferentes plataformas, como YouTube, Instagram, Facebook, TikTok, entre otros.

**El objetivo es conectarte con su audiencia de una manera visual y emocional**, lo que ayuda a aumentar la confianza y la consideración de compra del cliente.

Existen varias formas de crear videos para promocionar tus servicios de pintura y mostrar tus habilidades:

**Videos tutoriales**:
Crea videos tutoriales en los que muestres cómo trabajas en un proyecto, las herramientas que utilizas, el proceso que realizas, que tipo de material utilizas, etc.

**Videos de antes y después:**
Muestra el antes y después de una pintura, para que la gente pueda ver los resultados de tu trabajo.

**Videos de testimonios:**
Haz entrevistas a tus clientes satisfechos y utiliza los testimonios en tus videos promocionales; o pídeles que te graben un video ellos mismos.

(También puedes ofrecerles algo a cambio algo gratis)

**Videos de servicio:**
Crea videos en los que muestres los diferentes servicios que ofreces, pintura comercial, pintura

residencial, de baños, cocinas, oficinas, etc..

## Videos de promoción:
Crea videos promocionales que hablen sobre tus ofertas especiales, promociones y descuentos.

## Videos de seguridad:
Crea videos en los que muestres cómo sigues las medidas de seguridad necesarias para prevenir el contagio del COVID-19 o cualquier otra enfermedad.

## Videos de detrás de escena:
Crea un video en el que muestres cómo funciona tu equipo, el proceso de pintura y la organización de tu negocio.

*Recuerda que es importante utilizar una buena iluminación, calidad de audio y una buena edición para que tus videos se vean profesionales.*

También te recomiendo utilizar una variedad de formatos, como videos en vivo, videos animados y videos con gráficos.

# Marketing en
# Las Redes Sociales:

El marketing en las redes sociales se centra en el uso de plataformas de redes sociales **para promocionar productos o servicios y conectarse con su audiencia.**

El objetivo es que llegues a un público específico, aumentar la conciencia de marca y **generar engagement** (interacción) con los usuarios.

Hay varias estrategias de marketing en las redes sociales, como **publicar contenido relevante, generar interacción con el público, publicidad pagada**, entre otras.

Algunas de las principales plataformas de redes sociales utilizadas para el marketing incluyen Facebook, Instagram, YouTube, LinkedIn, entre otros.

Tu negocio puede utilizar estas plataformas para crear una presencia en línea, **aumentar el alcance y la exposición de tu marca, generar leads y ventas.**

Para promocionar tus servicios de pintura y conectarte con tu audiencia, puedes crear contenido en diferentes formatos, como:

## Publicaciones de redes sociales:

Utiliza las redes sociales para compartir contenido, como fotos y videos de tus servicios, consejos de mejoras en la casa, ofertas especiales, etc.

## Fotos y videos:

Crea fotos y videos de tus servicios, antes y después del proceso que utilizas para realizar un proyecto, tutoriales de pintura, etc.

## Boletines electrónicos:

Crea un boletín electrónico para mantener a tus clientes actualizados sobre tus servicios, ofertas especiales, etc.

## Testimonios de clientes:

Comparte testimonios de clientes satisfechos en tu sitio web y en tus redes sociales para mostrar la calidad de tu trabajo y generar confianza en tus prospectos.

*Es importante que te enfoques en crear contenido **valioso y relevante** para tu audiencia. Además, debes ser consistente en la creación y publicación de contenido para atraer y retener a tu audiencia.*

# CAPÍTULO 4:
## COMO PROMOCIONARTE EN INTERNET

# Marketing de Referencia

*Hay varias maneras en las que puedes utilizar las referencias de tus clientes satisfechos para atraer a nuevos clientes para tus servicios de pintura.*

*Algunas de las mejores prácticas incluyen:*

## Pide comentarios y reseñas:
Pide comentarios y reseñas de tus clientes actuales y utiliza esa información en tu sitio web y en tus redes sociales para mostrar a los potenciales clientes cómo otros han disfrutado de tus servicios.

## Comparte testimonios:
Comparte testimonios de tus clientes en tu sitio web, en tus redes sociales y en tu material de marketing para mostrar a tus potenciales clientes

cómo tus servicios han satisfecho a otros clientes.

## Utiliza casos de éxito:
Crea casos de éxito que destaquen cómo tus servicios han ayudado a resolver problemas específicos de pintura para tus clientes.

## Utiliza las referencias en tu proceso de ventas:
Incorpora las referencias de tus clientes satisfechos en tu proceso de ventas, ya sea durante una llamada telefónica o en una reunión personal, para mostrar a tus potenciales clientes cómo tus servicios han sido valorados por otros.

## Utiliza las referencias para generar confianza:

Utiliza las referencias de tus clientes para generar confianza en tus servicios y mostrar a tus potenciales clientes que tus servicios son de alta calidad y que estas son recomendadas por otros clientes satisfechos.

*Es importante asegurarte de que tus clientes estén de acuerdo con compartir sus comentarios y testimonios y mantener su privacidad.*

# Publicidad en Línea

*Hay varias maneras en las que puedes utilizar la publicidad en línea para promocionar tus servicios de pintura.*

*Algunas de las mejores prácticas incluyen:*

## Crea una estrategia de publicidad en línea:

Antes de comenzar a utilizar la publicidad en línea, es importante que tengas una estrategia clara en mente.

Define tu objetivo, tu audiencia y tus metas a alcanzar.

## Utiliza Google ADS:

Utiliza la publicidad pagada en Google para crear anuncios de búsqueda y anuncios de display que aparezcan en Google y en sitios web de terceros.

Utiliza palabras clave específicas relacionadas con tus servicios para asegurarte de que tus anuncios se muestren a personas que estén buscando los servicios que tu estas ofreciendo.

## Utiliza Facebook ADS:

Utiliza la publicidad pagada en Facebook e Instagram para crear anuncios que se muestren en el feed de noticias de Facebook y Instagram de tus clientes ideales.

Utiliza el segmento de audiencia de Facebook para llegar a personas en función de su edad, género, intereses, entre otros.
(Lo que vimos anteriormente)

## Utiliza publicidad en redes sociales:

Utiliza otras redes sociales como Facebook o *YouTube* para crear anuncios y llegar a una audiencia específica.

## Utiliza retargeting:

Utiliza retargeting para mostrar anuncios a personas que ya han visitado tu sitio web y mostrarles anuncios de tus servicios de pintura.

Publicidad pagada específicamente para las personas que ya interactuaron con tu negocio.

## Utiliza análisis y seguimiento:

Utiliza herramientas de análisis para seguir el rendimiento de tus anuncios y ajustarlos según sea necesario para asegurarte de que estás obteniendo el mejor rendimiento posible.

## Utiliza una llamada a la acción:

Asegúrate de incluir una llamada a la acción en tus anuncios para que los usuarios sepan qué hacer después de ver tu anuncio, ya sea visitar tu sitio web o llamarte para hacer una cita.

# Email Marketing:

El email marketing es una técnica de marketing que se centra en el uso de correos electrónicos **para comunicarse con clientes potenciales y actuales**.

El objetivo es promocionar productos o servicios, aumentar la conciencia de marca, y generar interacción con el público.

En tu negocio puedes utilizar el email marketing para **mantenerte en contacto con tus clientes,** enviarles contenido relevante, generar leads y por supuesto ventas.

Para hacer un buen email marketing te recomiendo tener una lista de correos de gente interesada en tu servicio, crea un contenido relevante y personalizado, y sigue las normas de privacidad, entre otras.

Para enviar correos electrónicos personalizados a tus clientes potenciales y ofrecer tus servicios de pintura, sigue estos pasos:

## Crea una lista de contactos:

Recopila los correos electrónicos de tus clientes potenciales, ya sea a través de un formulario de contacto en tu sitio web, una lista de suscripción.

## Crea una plantilla de correo electrónico:

Diseña una plantilla de correo electrónico atractiva y profesional que refleje tu marca y tu mensaje.

Asegúrate de incluir tus datos de contacto y un enlace a tu sitio web.

## Personaliza los mensajes:

Personaliza el contenido de tus correos electrónicos con el nombre del destinatario y otra información relevante que hayas recopilado sobre ellos.

## Segmenta tu audiencia:

Segmenta tu lista de correos electrónicos en grupos específicos de acuerdo con tus objetivos de marketing.

Por ejemplo, puedes segmentar tus clientes potenciales por ubicación, si es residencial o comercial, etc.

## Ofrece una oferta especial:

Ofrece una oferta especial para los clientes potenciales que se suscriban a tu lista de correos electrónicos o para aquellos que hayan mostrado interés en tus servicios.

## Utiliza un lenguaje persuasivo:

Utiliza un lenguaje persuasivo para convencer a tus clientes potenciales de contratar tus servicios de pintura.

Puedes hacer énfasis en la calidad de tu trabajo, la eficiencia de tus servicios y los beneficios para tu cliente.

## Sigue un calendario:

Sigue un calendario para enviar tus correos electrónicos y asegúrate de no enviar demasiados correos electrónicos a tus clientes potenciales.

## Monitorea el rendimiento:

Utiliza herramientas de seguimiento para medir el rendimiento de tus correos electrónicos, como la tasa de apertura, la tasa de clics y el número de conversaciones generadas.

Utiliza esta información para mejorar tus futuros correos electrónicos.

*Recuerda que es importante que cumplas con las normas de privacidad y no enviar correos no deseados (spam) ya que esto puede generar una mala impresión y puedes generar que tu correo sea bloqueado.*

# CAPÍTULO 5:
# CONSEJOS ADICIONALES PARA HACER CRECER TU NEGOCIO DE PINTURA

Hay varias formas de hacer crecer tu negocio de pintura residencial y comercial:

## Ofrece servicios adicionales:
Amplía tu oferta de servicios para atraer una audiencia más amplia, como pintura de exteriores e interiores, pintura de techos y revestimientos de paredes, etc.

# CAPÍTULO 6:
# PORQUE ES IMPORTANTE UTILIZAR INTERNET PARA HACER CRECER TU NEGOCIO

Existen varias razones por las que es importante utilizar internet para promocionar tus servicios de pintura:

## Amplia audiencia:
Internet te permite llegar a una audiencia mucho más amplia que las estrategias de publicidad tradicionales.

Puedes llegar a personas en toda tu ciudad, región o incluso en todo el país.

## Mayor precisión:

Con herramientas como Google ADS o Facebook e Instagram ADS, puedes segmentar tu audiencia para llegar a personas específicas basadas en su edad, género, intereses, ubicación, etc.

## Medir el rendimiento:

Con las herramientas de seguimiento de internet, mide el rendimiento de tus campañas de publicidad y ajustarlas en consecuencia, para mejorar tus resultados.

## Bajo costo:

Internet es una forma relativamente económica de promocionar tus servicios de pintura en comparación con otras estrategias de publicidad tradicionales como anuncios en televisión o en radio.

## Facilidad de comunicarse:

Internet te permite comunicarte con tus clientes potenciales de manera rápida y sencilla.

Puedes responder preguntas, ofrecer información adicional y hacer seguimiento de forma rápida y sencilla.

# CAPÍTULO 7:
# CONCLUSIÓN

¡Hagamos un resumen de todo lo que hemos visto en este libro!

Hay varias estrategias que como dueño de un negocio de pintura de casas y negocios puedes utilizar para atraer clientes en línea:

## Crear un sitio web atractivo y fácil de navegar:

Un sitio web bien diseñado es esencial para la promoción de tus servicios de pintura en línea.

Los clientes potenciales pueden visitar tu sitio web para obtener información sobre tus servicios, tarifas y horarios de disponibilidad.

pintura y cómo se beneficiarán de los mismos.

## Utilizar las referencias de tus clientes satisfechos:

Utilizar las referencias de los clientes satisfechos es una excelente manera de mostrar a los clientes potenciales cómo se benefician de los servicios de pintura.

## Utilizar directorios en línea:

Utilizar directorios en línea es una excelente manera de llegar a clientes potenciales en tu localidad.

## Enviar correos electrónicos personalizados a tus clientes potenciales:

Es una excelente manera de mantenerte en contacto con tus clientes potenciales y ofrecerles tus servicios.

**Utilizar las redes sociales:**
Las redes sociales son una excelente manera de conectarte con tu audiencia y promocionar tus servicios.

Puedes crear perfiles en redes sociales populares como Facebook, Instagram y YouTube y compartir contenido relevante sobre tu negocio de mejoras en el hogar.

**Utilizar la publicidad en línea:**
Utilizar la publicidad en línea, como Google ADS o Facebook e Instagram ADS, puede ayudarte a llegar a una audiencia más amplia y atraer clientes potenciales a tu sitio web o tus redes sociales.

**Crear videos para promocionar tus servicios y mostrar tus habilidades de pintura:** Crear videos es una excelente manera de mostrar a los clientes potenciales cómo se realizas tus trabajos de

## Ofrecer una oferta especial o promoción para tus nuevos clientes:

Es una excelente manera de atraer a nuevos clientes y generar un flujo de ingresos adicional para tu negocio.

*"En conclusión, vender servicios de pintura de casas en línea puede ser **una excelente oportunidad para expandir tu negocio y llegar a nuevos clientes.***

*Existen varias plataformas en línea que pueden ayudarte a promocionar tus servicios y encontrar clientes potenciales.*

*Además, es importante que tengas **presencia en línea sólida,** incluyendo un sitio web profesional y perfiles en las redes sociales, que **generar confianza en tus clientes** y destacarte entre la competencia.*

Con un poco de esfuerzo y dedicación, puedes tener éxito en la venta de tus servicios de pintura en línea."

**"Es hora de tomar acción, espero que este ebook haya sido una valiosa fuente de conocimiento y ha proporcionado una perspectiva única sobre cómo hacer crecer tu negocio de pintura.**

Espero que hayas aprendido mucho y principalmente espero que apliques lo aprendido en tu negocio para que lo puedas hacer crecer en internet.

*Si conoces a alguien a quien le pueda servir esta información por favor recomienda este libro para que ellos al igual que tu puedan tener el éxito en su negocio que están buscando."*

Si necesitas ayuda para aplicar todo lo visto en este libro puedes ponerte en contacto conmigo y con gusto te ayudare a sacar el máximo provecho a internet.

Un abrazo.

Nestor Orozco
CEO OrozDesign Multimedia

# ENTONCES...
## ¿Y AHORA QUÉ SIGUE? :)

## POR QUÉ DEBEMOS TRABAJAR JUNTOS

Cuando se trata de posicionar tu negocio en internet, contar con el apoyo de alguien que sabe cómo mostrarte el camino a seguir es mucho más fácil

Si estás aquí y has terminado de leer todas las páginas de este libro dirás... "guau, todo esto tiene mucho sentido"... O decir "Necesito que este chico me ayude"...

# ME ENCANTARÍA AYUDARTE.

La verdad es que soy un emprendedor nato, y he estado haciendo esto durante más de 15 años y he aprendido muchas estrategias a lo largo de este tiempo, ayudando a negocios como el tuyo a tener presencia en internet y generar clientes potenciales.

## NUNCA DEJARÉ DE HACER ESTO.

Creo que mi propósito en el planeta es informar a otros sobre cómo hacer las cosas de una manera más fácil y de forma más adecuada

## POR ÚLTIMO, QUIERO QUE SEPAS ¡QUIÉN SOY!

Soy Néstor Orozco, un **emprendedor apasionado con la tecnología y el desarrollo de nuevas habilidades.** Esposo (de Sayra Paola) y padre de 4 hermosos hijos (Alejandra, Leandro, Sebastián y Alessandra)

Tras varios años emprendiendo, me di cuenta de que al principio tenemos demasiados retos que nos impiden avanzar como deseamos.

La competencia en internet es cada vez más fuerte y no siempre contamos con las herramientas adecuadas para hacerle frente.

Así que me **especialicé en el desarrollo de estrategias digitales** para ayudar a los negocios a digitalizarse y generar clientes potenciales.

Con nuestro método de trabajo construimos relaciones saludables y duraderas donde se persiguen los mismos objetivos: **Vender Más.**

Gracias a que siempre me esfuerzo en aprender nuevas estrategias cuento con las siguientes certificaciones

## Certificación en Facebook e Instagram ADS

Por G-Talent Latam de Miami Florida

## Certificación en Ventas: Como Captar Más Clientes

Por López Marketing de Madrid España

## Certificación en Master In Digital Marketing

Por Escils Oregon Estados Unidos Actualmente curso un

## Master en Growth Marketing en el Instituto Convierte Más

avalado por American Business College de Miami Florida.

Y preparándome para las **certificaciones oficiales de Google y Meta**

Permíteme conocerte y conocer tu negocio, déjame saber tus objetivos personales y de negocio y con mucho gusto utilizaremos todo nuestro conocimiento, estrategias y herramientas para ayudarte a crecer.

Puedes contactarme en:
**www.GeneraMasClientes.com**

O escríbeme un email a PromocionaTuNegocioEnInternet @gmail.com

**¡Muchas gracias por haber leído estas páginas!**

Espero que haya sido una experiencia enriquecedora para ti y que hayas aprendido valiosa información para aplicar en tu negocio.

Recuerda que el conocimiento es poder, solo si lo aplicas. Te animo a poner en práctica todo lo que has aprendido.

¡Gracias de nuevo!

# OROZ⊙DESIGN
## AGENCIA DE MARKETING

- » **Diseño Gráfico**
- » **Páginas Web**
- » **Marketing Digital**
- » **Redes Sociales**
- » **Producción Audiovisual**
- » **Servicio de Imprenta**
- » **Publicidad En General**

**SOLUCIONES PARA EL CRECIMIENTO DE TU NEGOCIO**

📞 (425) 243 4579    ✉ orozdesign@gmail.com    🌐 www.OrozDesign.com

OrozDesign Multimedia